Uwe H. Sültz

Erwachen nach dem Koma – Leben 2.0

… ein Jahr später

BoD- Books on Demand

Norderstedt 2018

Bibliografische Information durch die Deutsche Nationalbibliothek

Die Deutsche Nationalbibliothek verzeichnet diese Publikation in der Deutschen Nationalbibliografie; detaillierte bibliografische Daten sind im Internet über http://dnb.dnb.de abrufbar.

Herstellung und Verlag:

BoD – Books on Demand, Norderstedt

ISBN 9-78374-8-10867-2

Im letzten Jahr bin ich in ein Zuckerkoma gefallen. Heute, also ein Jahr danach, möchte ich mich mit diesem kleinen Büchlein noch einmal melden, um zu berichten, was sich geändert hat.

<u>Rückblick:</u>

Von Geburt an leide ich unter einer Contergan-Schädigung. Jahrzehnte lang arrangierte ich mich damit. Leider bin ich zu Lehrzeiten in den Elterlichen-Betrieb eingestiegen. Zudem verstarb mein Opa zu früh, das Haus erbten meine Eltern, ein gewaltiger Umbau stand an. Im Betrieb mussten Fernsehgeräte (damals bis zu 50 kg wog ein PHILIPS GOYA) getragen werden und im Haus wurde ausgeschachtet, Speis getragen und alle Arbeiten eben, um die Eltern zufrieden zu stellen. Bereits mit 25 Jahren wurden die Rückenschmerzen unerträglich. Ein Arzt sagte damals, dass ich im Rollstuhl enden werde. Mit 32 Jahren „flüchtete" ich und heiratete. Durch fleißige Arbeit, ich rauchte nicht und es gab keinen Alkohol, konnte ich mir die Wünsche im Laufe der Zeit erfüllen, von denen ich immer geträumt hatte.

Da ein Kinderwunsch nicht im Raum stand, füllte sich die große Garage. Die beiden Oldtimer restaurierte ich. Es waren zwei Schmuckstücke. Neben der Arbeit und dem Pflegen der Oldtimer blieb noch Zeit für das Designen von Schmuck und Umbauarbeiten von Modellen in 1/18 für ein Museum.

Alles schien so richtig gut zu laufen. Aber die Contergan-Schädigung und die Sünden des schweren Tragens aus der Vergangenheit waren plötzlich wieder ein Thema. Nachdem dann auch noch Bin Laden zuschlug und nachfolgend Weltwirtschaftskrisen zu bewältigen waren, musste das

Leben geändert werden. Die Banken empfahlen damals Aktien. Das ist auch heute noch gut so. Nur, im Notfall war niemand da, der die Notbremse gezogen hatte.

Demenz, bei meiner Frau, und Schwerbehinderung (100 %, AG), bei mir, kamen dazu. Gehen und Tragen, das ging gar nicht mehr. Die Oldtimer und andere Sammlungen mussten verkauft werden. Jetzt gab es nur noch Gesundheit, Gesundheit, Gesundheit. Das Leben wurde jongliert. Und plötzlich, innerhalb von wenigen Tagen bin ich ins Zuckerkoma gefallen. Da ich regelmäßig untersucht werde, dachte niemand an Diabetes. Ich erinnere mich genau, dass ich im Auto saß und auf den Einkauf meiner Hilfe wartete. Plötzlich veränderte sich mein Sehen. Zum Lesen brauchte ich eine Brille. Jetzt sah ich den Tacho scharf, aber alles ab 10 Metern war unscharf. Sofort machte ich einen Termin beim Arzt… zu spät! In der Nacht bin ich mit einem Wert von 1500 Milligramm pro Deziliter ins Zuckerkoma gefallen…

So viel zur Vergangenheit. Was habe ich in den nächsten 12 Monaten gelernt? Wie ging es weiter?

<u>Heute:</u>

Bereits im Krankenhaus bin ich auf 150 Milligramm pro Deziliter eingestellt worden. Nach einem Monat Krankenhausaufenthalt konnte ich nicht mehr selbstständig gehen. Mir wurde sofort schwindelig. Das Rückenleiden und die Diabetischen-Füße taten ihr Übriges. Ich wurde Anfang Dezember entlassen. Der Fahrdienst trug mich mit viel Mühe in die zweite Etage unseres Hauses. In der ersten Etage standen Lebensmittel und Getränke, in der dritten Etage befindet sich die Dusche. Es war unmöglich beide Etagen aufzusuchen.

<u>Tipp:</u>

Klären Sie vorher, wer Sie nach dem Krankenhaus empfängt und wer für Sie da ist.

Im Krankenhaus wurde mir empfohlen, nicht ins Internet zu sehen, um etwas über Diabetes zu erfahren. Ich empfehle aus meiner heutigen Sicht jedoch sehr das Internet. Es sollten nur die richtigen Seiten sein. So richtig war mir der Wert von 1500 Milligramm pro Deziliter im Krankenhaus nicht bewusst. Jetzt weiß ich, dass man ab Werten von 700 bereits sterben kann, bei 1500 erst Recht. Nun, ich will in diesem Büchlein ja schildern, wie ich besser mit dem

Diabetes zurechtgekommen bin. Nur so viel noch zum Allgemeinzustand: Das Treppensteigen funktioniert auch heute noch nicht wirklich gut. Aber irgendwann musste ich duschen. Die Treppenstufen haben eine zu hohe Höhe.

Tipp:

Halbieren Sie die Treppenstufen mit Hilfe eines Tritthockers.

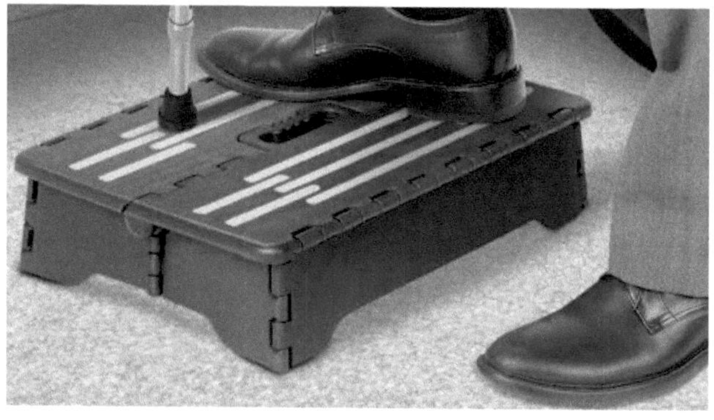

Dieser Tritthocker lässt sich auch für das Einsteigen im PKW gut nutzen.

Sofort habe ich meine Essgewohnheiten umgestellt. Säfte und Limonaden mit Zucker gab es nun nicht mehr. Wenn ich gesündigt habe, stieg der Zuckerwert gleich auf über 220 Milligramm pro Deziliter. Ganz langsam bekam ich ein Gefühl dafür, was mir wirklich gut tut. Und wenn man dann auch noch beim Fruchtjogurt die Früchte suchen muss, dann macht man es doch lieber selbst. Meine Zettelwirtschaft bewältigte ich nach dem Haufenprinzip der

Ludolfs. So entstand das erste Diabetes-Tagebuch von SÜLTZ BÜCHER.

Es ist für 6 Einträge pro Tag. Nicht etwa, dass ich 6 Mahlzeiten einnahm, ich habe auch dazwischen gemessen.

Ich bemerkte nämlich, dass der Blutzucker bei Stress anstieg.

Jeder weiß, sich bewegen ist sehr wichtig! Ich mache, was möglich ist. Viel ist das aufgrund des Rückens und der Lähmungen allerdings nicht. Aber Gramm für Gramm geht es runter.

Bevor ich einen Diabetologen/login aufgesucht habe, informierte ich mich im Internet. Schnell merkte ich, es müssen die richtigen Seiten sein. Oft las ich: „Ich kann alles essen und trinken. Ich muss NUR spritzen!" Besser war zu lesen, wie normale Zuckerwerte aussehen, was hilft, die Werte niedrig zu lassen. Erst Recht was Unterzuckerung oder Überzuckerung bedeuten.

<u>Hier nun meine Erkenntnisse:</u>

Menschen ohne Diabetes haben vor dem Essen Zucker-Werte von bis zu 100 Milligramm pro Deziliter. Nach dem Essen können diese bis zu 140 Milligramm pro Deziliter ansteigen. Machen Sie doch einfach einmal mit Ihrem Partner oder Ihrer Partnerin den Test.

Menschen mit Diabetes haben Werte von 126 Milligramm pro Deziliter vor dem Essen und Werte von über 200 Milligramm pro Deziliter nach dem Essen.

Meine Werte lagen nach dem Krankenhausaufenthalt zwischen 150 und 250 Milligramm pro Deziliter.

Zunächst wollte ich also alles über Zuckerwerte wissen.

Eine Unterzuckerung liegt bei Werten von 25 bis 50 Milligramm pro Deziliter vor. 25 ist dabei eine starke Unterzuckerung. Man hat definiert, dass ab einem Blutzucker-Wert von unter 50 mg/dl eine Unterzuckerung besteht. Die tatsächliche Grenze ist jedoch von Mensch zu Mensch verschieden, einige Diabetespatienten werden eine Absenkung des Zuckerwertes schon bei Werten von 60-70 mg/dl spüren, andere spüren selbst Werte unter 50 mg/dl noch nicht als unangenehm. Auf jeden Fall kann ein Koma drohen. Eine Unterzuckerung kann mehrere Ursachen haben:

Ernährung:

Wird bei konstanter Insulingabe zu wenig Nahrung aufgenommen, gelangt zu wenig Glucose aus der Nahrung in das Blut. Die gegebene Insulindosis ist dann zu hoch. Der gleiche Effekt tritt ein, wenn der zeitliche Abstand zwischen Insulingabe und Nahrungsaufnahme zu lang ist.

Körperliche Anstrengung:

Eine Unterzuckerung kann auch eintreten, wenn bei körperlicher Anstrengung der Glukoseverbrauch steigt, die zugeführte Insulindosis jedoch nicht entsprechend angepasst (erhöht) wird. (siehe auch Freizeit und Sport mit Diabetes).

Alkohol:

Auch die Zufuhr von Alkohol kann bei konstanter Insulingabe zur Unterzuckerung führen, da der Alkohol die

Produktion von Zucker in der Leber vermindert (siehe auch Wechselwirkungen Alkohol).

Wechselwirkungen mit Medikamenten:

Wechselwirkungen mit anderen Medikamenten (z.B. ACE-Hemmer, Beta-Blocker, Antibiotika wie Sulfonamide und Schmerzmittel wie NSAR) können ebenfalls den Insulinhaushalt durcheinanderbringen und dadurch zu einer Unterzuckerung führen.

Nierenerkrankungen:

Nierenerkrankungen führen zu einem verminderten Abbau der Wirkstoffe von Antidiabetika, wodurch die Wirkung dieser den Blutzucker senkenden Medikamente übermäßig erhöht werden kann.

Falsche Dosierung Medikamente:

Eine Hypoglykämie kann auch entstehen, wenn zuvor die Bestimmung des Blutzuckers nicht korrekt durchgeführt wurde oder das Insulin falsch dosiert wurde.

Auch muss an eine absichtliche Einnahme einer zu hohen Medikamentendosis bei psychischen Erkrankungen, etwa in selbstmörderischer Absicht oder zur Gewinnung von Aufmerksamkeit, gedacht werden.

Eine Unterzuckerung ist in der Regel mit körperlichen und psychischen Reaktionen verbunden. Man unterscheidet zwischen drei Stufen der Unterzuckerung:

- Leichte Unterzuckerung

- Mittelschwere Unterzuckerung

- Schwere Unterzuckerung

Leichte Unterzuckerung:

Häufigstes und oft erstes Symptom einer leichten Unterzuckerung ist ein Heißhungergefühl. Sehr häufig kommt es auch zu Schweißausbrüchen, Herzrasen, feuchten Händen oder zu Konzentrationsstörungen. Manchmal treten auch Schwächegefühle in der Muskulatur auf ("weiche Knie"). Ursache dieser Symptome ist eine Erregung des vegetativen Nervensystems.

Es besteht Gefahr, dass man leichte Unterzuckerungssymptome verkennt. Es ist daher immer wichtig, bei Einnahme von potentiell zur Unterzuckerung führenden Medikamenten den Körper und seine Signale genau zu beobachten und in sich hinein zu hören. Ist man unsicher, ob möglicherweise eine Unterzuckerung vorliegt, sollte man im Zweifelsfall lieber einmal zu viel als zu wenig den Blutzucker messen. Hat man kein Messgerät bei sich, kann man durch leichte gedankliche Tests, z.B. leichte

Kopfrechnungen, herausfinden, ob bereits Konzentrationsstörungen vorliegen.

<u>Mittelschwere Unterzuckerung:</u>

In diesem Stadium kommt es neben den Symptomen der leichten Unterzuckerung häufig zum Zittern am ganzen Körper, zu starker innerer Unruhe, zu stärkeren Konzentrationsstörungen, zu Reizbarkeit; oft kommt es zusätzlich zu Sehstörungen. Auch diese Symptome sind Folge der Erregung des vegetativen Nervensystems.

Spätestens bei Auftreten dieser Symptome ist es wichtig, sofort den Blutzucker zu messen. Da ein Diabetiker dazu bei einer mittelschweren Unterzuckerung möglicherweise nicht mehr in der Lage ist, sollte nach Möglichkeit ein Angehöriger mit der Benutzung des Blutzuckermessgerätes vertraut sein.

Auch in diesem Stadium besteht die Gefahr des Verkennens von Symptomen. Insbesondere von Außenstehenden können die Symptome leicht mit dem Zustand nach Alkoholkonsum verwechselt werden - insbesondere als Außenstehender ist kritisch zu prüfen, ob es sich bei dem vermeintlich Betrunkenen nicht um einen Hilfebedürftigen handelt.

<u>Schwere Unterzuckerung:</u>

Die schwere Unterzuckerung ist meist durch Bewusstlosigkeit gekennzeichnet. Zum Teil kommt es auch zum Auftreten von Krampfanfällen. Im bewussten Zustand kann es bei einigen Patienten wie bei einem Schlaganfall zu Sprach- und Sehstörungen und zu Halbseitenlähmungen kommen. Die Symptome der schweren Unterzuckerung sind zentralnervös bedingt, denn das Gehirn wird nicht mehr ausreichend mit Zucker versorgt.

In jedem Fall benötigt ein Diabetiker in diesem Stadium die Hilfe anderer Menschen, er kann sich selbst nicht mehr aus diesem Zustand heraushelfen.

Kommt keine Hilfe von außen, setzt die Leber mit zeitlicher Verzögerung ihre Zuckervorräte frei, und der Diabetiker wacht nach Stunden der Bewusstlosigkeit wieder auf. Durch Alkoholkonsum kann dieser Schutzmechanismus jedoch blockiert werden, da die Leberfunktion durch den Alkohol beeinträchtigt ist. In diesem Fall, sowie auch bei sehr starker Unterzuckerung, kann der Tod eintreten. Etwa 10% aller schweren Unterzuckerungen verlaufen tödlich.

Der Bereich zwischen 75 und 200 Milligramm pro Deziliter ist der Normalbereich. Ich bin auf 150 mg/dl eingestellt. Dieser Wert ist auch die sogenannte Nierenschwelle. Zucker wird im Urin ausgeschieden.

Eine leichte Überzuckerung findet sich in Werten um 225 mg/dl wieder. Sozusagen ist das der orangene Bereich. Der rote Bereich, also eine Überzuckerung, liegt ab Werten von 250 Milligramm pro Deziliter vor.

So entstand das Protokollbuch zur Unterzuckerung:

Datum: 6.5.2019   **Uhrzeit:** 16 Uhr

bitte ankreuzen	Uhrzeit	Blutzucker-werte	Korrektur	vor nach dem Essen
X Heißhunger	9 Uhr	120	nein	X
X Konzentrationsschwäche	11 Uhr	86	nein	X
Herzrasen				
X kalter Schweiß/schwitzen				
Zittern				
X Nervosität				
Übelkeit				
X Müdigkeit				
X Schlappheit				
X Langsamkeit				
Verwirrtheit				
Kopfschmerzen				
Koordinationsprobleme				
X Schwindel				
körperl. Schwäche				
Verhaltensänderung				
schlechte Laune				
aggressiv				
albern				
X Angstzustände				
X Sprachstörungen				
X Sehstörungen				
X Unruhe in der Nacht				
X verschwitzte Nachtwäsche				
Alpträume				
X Kribbeln wo? Hände				

weitere Informationen:

Beschreibung meiner Empfindung mit meinen Worten:

Ich habe ein ungutes Gefühl

der Schwindel nimmt zu

Meine Vermutung für eine Unterzuckerung:

zu wenig gegessen und getrunken

Wer war anwesend? Wer hat geholfen?

mein Mann

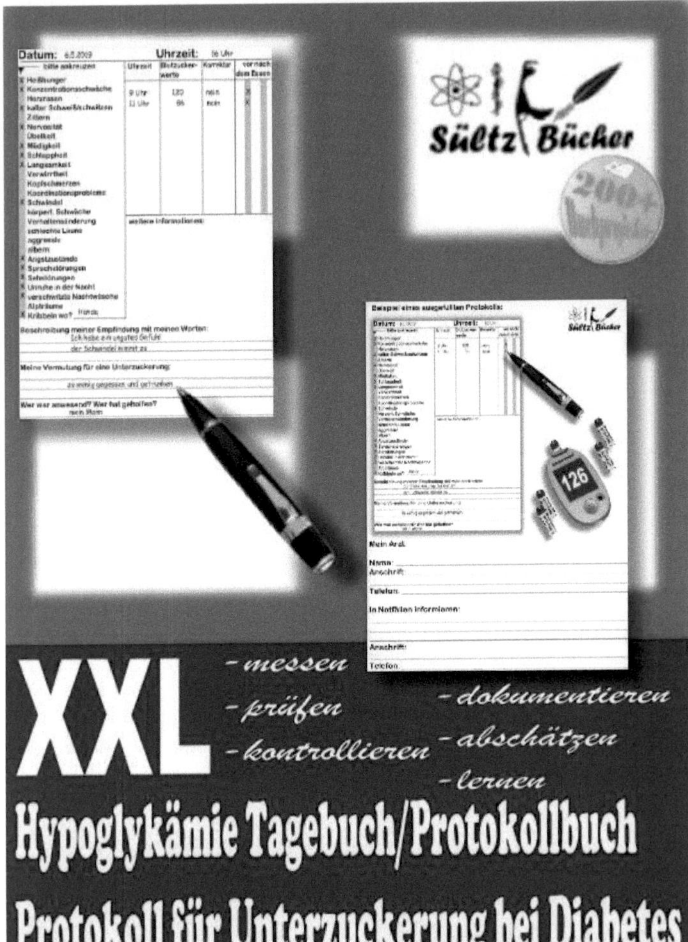

XXL

Hypoglykämie Tagebuch/Protokollbuch

Protokoll für Unterzuckerung bei Diabetes

Beispiel eines ausgefüllten Protokolls:

Datum: 6.5.2019		**Uhrzeit:** 16 Uhr		
▾ — bitte ankreuzen	Uhrzeit	Blutzucker-werte	Korrektur	vor nach dem Essen
X Heißhunger				
X Konzentrationsschwäche	9 Uhr	120	nein	X
Herzrasen	11 Uhr	86	nein	X
X kalter Schweiß/schwitzen				
Zittern				
X Nervosität				
Übelkeit				
X Müdigkeit				
X Schlappheit				
X Langsamkeit				
Verwirrtheit				
Kopfschmerzen				
Koordinationsprobleme				
X Schwindel				
körperl. Schwäche				
Verhaltensänderung	weitere Informationen:			
schlechte Laune				
aggressiv				
albern				
X Angstzustände				
X Sprachstörungen				
X Sehstörungen				
X Unruhe in der Nacht				
X verschwitzte Nachtwäsche				
Alpträume				
X Kribbeln wo? Hände				

Beschreibung meiner Empfindung mit meinen Worten:
Ich habe ein ungutes Gefühl
der Schwindel nimmt zu

Meine Vermutung für eine Unterzuckerung:

zu wenig gegessen und getrunken

Wer war anwesend? Wer hat geholfen?
mein Mann

Mein Arzt:

Name: ___________________________________

Anschrift: ___________________________________

Telefon: ___________________________________

In Notfällen informieren:

____

____

Anschrift: ___________________________________

Telefon: ___________________________________

<u>Ursachen für die Überzuckerung:</u>

Eine Überzuckerung kann durch verschiedene Ursachen hervorgerufen werden.

- Erstauftreten eines bisher unbekannten Diabetes

- Zu viel gegessen

- Fieberhafte Infekte

- Stress

- Einnahme von Medikamenten, die zur Erhöhung des Blutzuckers führen (Kortison, Entwässerungsmedikamente)

- Zu niedrig dosierte Antidiabetes-Medikamente oder Insulin

- Weglassen der Medikamente (versehentlich oder aus selbstmörderischer Absicht)

- Defekter Insulin-Pen, defekte Insulinpumpe

<u>Diabetisches Koma:</u>

Bei sehr hohen Blutzuckerwerten kann eine Bewusstlosigkeit eintreten. Die Behandlung erfolgt genauso wie bei dem Koma bei einer Unterzuckerung:

- Notarzt rufen

- Stabile Seitenlage

Kann der Blutzucker nicht gemessen werden, wird zusätzlich Zucker verabreicht, obwohl es sich hier um eine Überzuckerung handelt, weil die Unterzuckerung die gefährlichere Form des Komas darstellt und auch schneller zum Tode führt.

- Traubenzuckerplättchen in die Backentasche

- Ggf. Glukagon spritzen

Gibt man bei einer Überzuckerung Zucker hinzu, so schadet das dem Patienten weniger, als ihm in der Unterzuckerung keinen Zucker zu verabreichen.

Im Internet las ich, dass Menschen mit 600 Milligramm pro Deziliter ins Koma gefallen sind. Ein Freund starb mit 900 Milligramm pro Deziliter, erst Recht bei 1800 Milligramm pro Deziliter. Als Folgen meines Wertes (1500) sind die Diabetischen-Füße zu nennen. Es gibt ein Stechen und Kribbeln bis zu den Knien. Sündige ich, ist es auch in den Fingern zu spüren. In den Füßen ist das Gefühl ständig so, dicke Wollsocken zu tragen, ebenso sind beide Füße ohne Gefühl.

Je mehr ich erfuhr, umso mehr erkannte ich die Dringlichkeit, etwas tun zu müssen. Da ich immer noch keine Stufen gehen konnte, konnte ich auch noch nicht zum Diabetologen/login. Mein Hausarzt kommt alle 3 Monate, um Blut zu nehmen.

Mein Ziel war und ist es, die Werte um die 150 Milligramm pro Deziliter stabilisieren zu können. Wie gesagt, die Werte im Krankenhaus lagen nach dem Essen immer über 200 Milligramm pro Deziliter. Es musste immer gespritzt werden. Aber bereits im Krankenhaus begann ich meine Werte zu schätzen. Ich ließ mal den Pudding weg, dann brachte mir meine Partnerin eine Flasche Malzbier mit. Der Wert fiel und stieg, so wie ich es erwartet habe.

<u>INFO:</u>

Malzbier geht bei Diabetes gar nicht!

Heute messe ich sofort nach dem Aufstehen. Stress und Schlafstörungen lassen den Morgenwert steigen. Auch eine nächtliche Unterzuckerung lässt den Wert steigen. Vorbeugung gegen eine Unterzuckerung: Abends keinen Sport und keinen Alkohol!

Ich schätze jeden Tag vor dem Messen meine Werte. So entstanden folgende Protokollbücher:

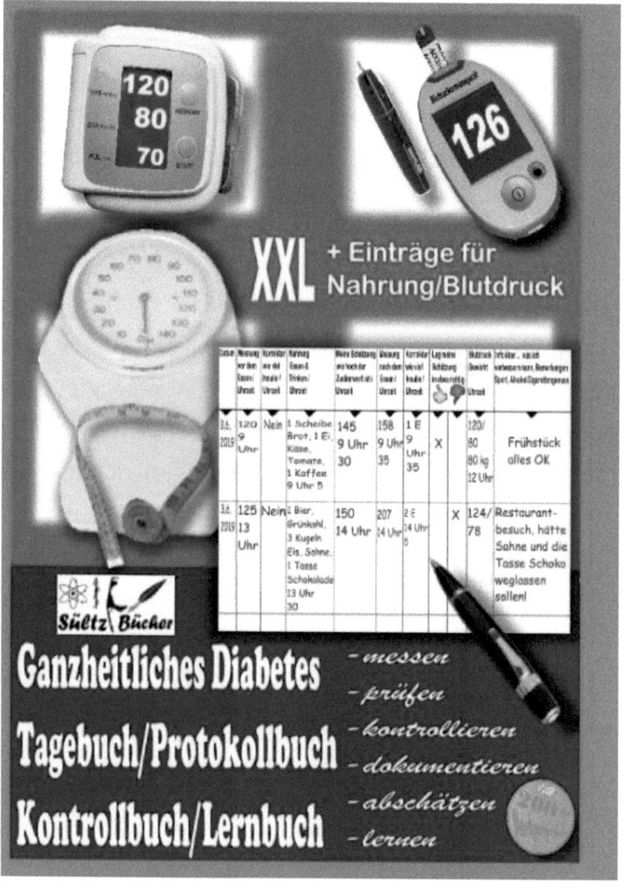

Sowie für unterwegs:

Dieses Büchlein soll einfach nur informieren. Darüber wie gefährlich Diabetes ist. Informieren Sie sich im Internet auf den richtigen Seiten. Suchen Sie regelmäßig einen Diabetologen/login auf. Lassen Sie sich regelmäßig das Blut untersuchen. Ich habe gelernt, dass der Langzeitinsulinwert extrem wichtig ist. Denn Ihr Körper vergisst keine Sünden!

Vor dem Essen und danach wird also gemessen. Vor dem Essen, um hohe Werte nicht noch höher zu treiben. Nach dem Essen, um zu korrigieren.

Süßes und Herzhaftes fördern Diabetes Typ 2.

Merke:

Je mehr Kohlenhydrate, je höher der Zucker!

Außerdem erhöht Stress den Zuckerwert!

Ich begann sehr schnell damit, mein Essen umzustellen. Cola, und überhaupt Zuckerhaltige Getränke, gab es nun nicht mehr. Stattdessen Wasser und Tee. Morgens esse ich Tomaten, Radieschen, Vollkornbrot, Eier, alles was gesund ist eben. Mit zwei Mahlzeiten pro Tag komme ich gut hin.

Nach einer Studie können 50 % aller Menschen mit Diabetes ihren Diabetes besiegen. Ich möchte gern dazu gehören. Mein Langzeitblutzuckerwert liegt noch am oberen Rand vom Soll-Wert. Der soll zwischen 4,5 und 6,5 % liegen. Sie erfahren ihn bei Ihrem Arzt nach der Blutuntersuchung. Mein Wert verbessert sich von Quartal zu Quartal. Wer also noch ausreichend Insulin selbst produziert, hat die Chance, dass sich die Krankheit verbessert. Ernährung und Bewegung bedeuten, dass das eigene Insulin wieder aktiviert wird. Ernähren Sie sich nach dem Low Carb-Prinzip. BEWEGUNG – KONTROLLE – ERNÄHRUNG

So entstand unser LOW CARB Buch:

Übersicht meiner Rezepte:

Seite:

Gewichts-Kontrolle ab Seite 45!

Rezept

für ____ Personen

Zubereitungszeit

\- \- \- \- \- \- \- \- \- \- \- \- \- \- \- \-

Kosten __________

Nährwerte

\- \- \- \- \- \- \- \- \- \- \- \- \- \- \- \-

Zutaten

Zubereitung

Einträge/Ergebnisse/Erfolge

Gewicht   **Fett/BMI/eig. Angaben**

Umfänge

Bemerkungen

Einträge/Ergebnisse/Erfolge

Gewicht   Fett/BMI/eig. Angaben

Umfänge

Einträge/Ergebnisse/Erfolge

Gewicht   Fett/BMI/eig. Angaben

Umfänge

Einträge/Ergebnisse/Erfolge

Gewicht   Fett/BMI/eig. Angaben

Umfänge

Tipp:

Kommen Sie aus dem Teufelskreislauf ZUCKER FÜHRT ZU ÜBERGEWICHT... BEI ÜBERGEWICHT PRODUZIERT DER KÖRPER NOCH MEHR INSULIN... INSULIN BLOCKIERT DIE FETTVERBRENNUNG!

Versuchen Sie es doch auch einmal: WENIGER KOHLENHYDRATE… VIEL EIWEIS! Vielleicht einmal eine Woche. Kein Alkohol natürlich. Auch unter Absprache mit Ihrem Arzt selbstverständlich! Essen Sie viel Gemüse. Seien Sie eine Woche konsequent, essen Sie keine kurzzeitigen Kohlenhydrate. Bei den Kohlenhydraten gibt es zwei Gruppen: Die kurzzeitigen Kohlenhydrate sind für Diabetiker die unguten… Toast, Süßigkeiten…, die langzeitigen Kohlenhydrate, wie Vollkornbrot, sind die guten Wegbegleiter!

Tipp:

Kochen Sie Kartoffeln, lassen Sie sie abkühlen, danach können sie wieder erwärmt werden… und schon sind Kartoffeln unsere Freunde! Das gilt auch für Nudeln und Reis, aber besonders für Kartoffeln.

Lebensformel:

LEBEN WOLLEN UND KÖNNEN DURCH UMSTELLUNG DES ESSENS!

Meine Werte heute:

Ich stehe mit Werten um 120 Milligramm pro Deziliter auf. Nach dem Frühstück pendelt der Wert zwischen 130 und 150 Milligramm pro Deziliter. Bei Stress steigt der Wert bis auf 170 Milligramm pro Deziliter. Auf jeden Fall steigt der Wert zu keiner Zeit auf über 200 Milligramm pro Deziliter. Ist er einmal auf mehr als 150, aber unter 190 Milligramm pro Deziliter gestiegen, trinke ich sofort mindestens 1 Liter

Flüssigkeit. Der Wert normalisiert sich schnell. Ich spritze nur noch Langzeitinsulin um 22 Uhr. Liegt der Wert um 22 Uhr um 100 Milligramm pro Deziliter, spritze ich weniger Einheiten. Im Endeffekt möchte ich ganz vom Insulin kommen. Heute in einem Jahr werde ich berichten.

Anmerkung als Schwerbehinderter: Ist Ihnen auch aufgefallen, dass sich viele Flasche und Dosen schwer öffnen lassen? Die Industrie sollte auch an ältere und kranke Menschen denken.

<u>Noch ein Tipp:</u>

Eine Cola ist für mich immer noch im Haus, auch Limonaden, wie Apfelsine, Zitrone, usw., probieren Sie doch einmal DEIT… einfach im Internet googlen. Und wer kann Lebensmittel und DEIT liefern?

<u>Schauen Sie einmal hier:</u>

https://www.allyouneedfresh.de

Wie gesagt, das ist mein Weg! Informieren Sie sich im Internet, besuchen Sie regelmäßig einen Diabetologen/login und lassen Sie sich regelmäßig Ihr Blut untersuchen!

Alles Gute für Sie,

Ihr Uwe H. Sültz

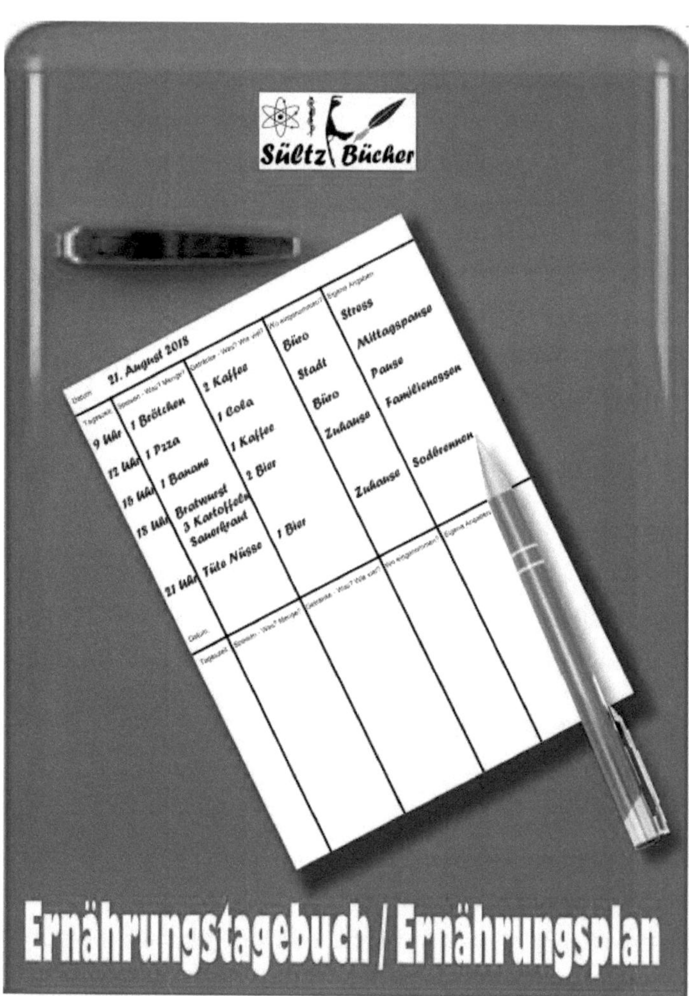

Ernährungstagebuch / Ernährungsplan